クラスが明るく前向きに！

叱るより効く！声かけフレーズ**50**

髙

学陽書房

はじめに

「子どもと一緒にいいクラスをつくりたい！」

そんな想いを持ってこの仕事に取り組んでいる方はたくさんいらっしゃると思います。この本は、そんな想いを実現するために、**叱るよりもポジティブな言葉で教師の願いを子どもたちに伝えることで、クラスの土台をつくっていく**ための本です。

教師はやりがいのある仕事です。一方、クラスの雰囲気がよくない、子どもが言うことを聞いてくれないといった悩みを抱えることも少なくないでしょう。

そんなときに厳しく叱らなければならないと思いつつ、叱ることに苦手意識を持つ方もいらっしゃるのではないでしょうか？

この本では、そんな悩みを持つみなさんに向けて、**「叱るより効く」**というテーマで、**学校生活のさまざまな場面で活用できる効果的な声かけフレーズ**を紹介しています。

クラスがうまくいかないとき、実は教師の「こうしてほしい」という願いや方法をストレートに子どもに伝えていないことがあります。

日常から「みんながどうなってほしいか」というゴールを示して、学級づくりをすることが大事です。

これらを意識した声かけを日頃から実践することで、教師の想いや願いが伝わったり、子どもたち自身が周りのことを考えて行動するようになったりして、子どもたちを成長させることができます。

叱るのは、何か起きてしまった後に取る手段です。

一方、本書で紹介している声かけフレーズは、**日常から子どもを成長させるための手段**です。日常からの声かけで子どもを成長させることで、結果として不必要に叱る場面をグッと減らすことができます。

　もちろん、何かが起きてしまい、どうしても叱らなければならない場面もあります。そういった場面での「伝わる叱り方」についても本書でお伝えしています。

　若手の頃、何かが起きてしまうと「瞬間湯沸かし器」のようにすぐに頭に血が上り、ガミガミと叱ってばかりだった私です。叱ってばかりいたので、子どもたちの心が私から離れていってしまったのは苦い思い出です。

　そんな私でも、日常からの声かけを変えることで、子どもたちと想いや願いを共有し、いいクラスづくりができるようになってきました。また、叱らなければならない場面で、子どもたちに伝えたい大切なことを伝えられるようになってきました。

　私の苦い経験やこれまでの学びが、この本を通じて、みなさんの悩みの助けになり、子どもたちと一緒にいいクラスをつくる手助けになれば幸いです。

2024 年 7 月吉日

髙橋朋彦

Contents

 第1章

声かけの成果が上がる!
ポジティブな学級の土台づくり

クラスがしっかりまとまる！
学級づくり声かけフレーズ

子どもを授業で育てる！
授業づくり声かけフレーズ

第4章

クラスがよくなるきっかけに！
トラブル時の声かけフレーズ

第5章 それでも叱らなければ
ならないときには

教師のちょっとした声かけで
クラスがみるみるポジティブに！

叱って失敗した過去

　私は若手の頃、悪いことをしたら叱ることが教育だと思っていました。ですので、少しでも悪い！　と思ったことを見つけると、子どもたちをきつく叱るようにしていました。

　しかしその結果、子どもたちはよくなることはなく、どんどん私から離れていってしまいました。

叱る前にするべきことがある

　子どもたちを成長させる方法は叱ることだけではありません。叱る前にできることがたくさんあります。たとえば…
　・教室の言語環境を整える
　・前向きな雰囲気をつくる
　・友達同士をつなげる
　他にもたくさんありそうですね。これらのことをすることで、子どもを叱る場面を大きく減らすことができます。

　ここで紹介したことは、叱る場面を減らすための方法なのでしょうか？　そうではありません。**「学級づくり」**そのものといえるでしょう。つまり、叱る前にするべきことは、日頃から学級づくりをすることです。

成長を願う声かけフレーズ

　では、どのように学級づくりをしていったらよいのでしょうか？
　私は、教師の願いが大切だと考えています。

たとえば、次のような願いを持って教壇に立っている教師がいます。

・友達を大切にできるようになってほしい

・自分自身の力を高めてほしい

・将来のための土台となる1年になってほしい

　どれも素敵な願いですよね。教師の数だけ願いの数があります。しかし、願いを伝えることはなかなか難しいものです。

　今回紹介する声かけフレーズは、

教師の願いを子どもたちに伝えるための声かけ

として私の考えや声かけをまとめさせていただきました。みなさんの大切にしている願いが子どもたちに伝わるお手伝いができたら嬉しいです。

叱ることと向き合う

『クラスが明るく前向きに！　叱るより効く！　声かけフレーズ50』

　このタイトルだけ読むと、「叱ることがいけないこと」のように感じてしまう方もいるかもしれません。しかし、そうではありせん。教師の願いを子どもたちに伝えるために、どうしても叱らなければならないことだってあります。

　本書は、叱ることで失敗をした私が、叱ることと向き合うことで気づいた教師の願いを子どもたちに伝えるための声かけをまとめ上げた本です。当然、伝えるために叱ることだってあります。それでも、日頃から声かけをしていくことで、叱らざるを得ない場面をグッと減らすことができます。

　「叱ることが苦手…」「どうしても叱りすぎてしまう…」と、お悩みの方も、ぜひこの本で一緒に声かけ上手を目指していきましょう！

第 **1** 章

声かけの成果が上がる!

ポジティブな学級の
土台づくり

1

学級が楽しくなる「みんなでポジティブな雰囲気をつくろう」

ネガティブな雰囲気に…なっていませんか？

「〜しなさい」「〜してはダメ」

教室は、しなければならないこと、してはいけないことであふれています。しなければならないからさせる、してはいけないからやめさせる、ということが積み重なると、教室はどんどんネガティブな雰囲気になってしまいます。そこで効くのがこの声かけです！

❗ 声かけでムードをつくろう！

「子どもたちは、ムード（雰囲気）に従うもの」と、中村健一先生はおっしゃっています。ポジティブな雰囲気づくりは学級経営をする上でとても大切です。ポジティブな雰囲気をつくるために、

「みんなでポジティブな雰囲気をつくろう」

と呼びかけます。しかし、ただ呼びかけただけでは子どもたちはポジティブな雰囲気をつくろうとはしません。そこで、

・学校が楽しくなる

・勉強がわかるようになる

・友達同士で協力できるようになる

など、ポジティブな雰囲気になるとよくなることを共有して、子どもと一緒に雰囲気づくりをしていきましょう。

子どもと教師で意識を共有して明るく前向きなクラスに!

ここがポイント! **たとえばこんな風に伝えよう**

　話をするとき、このように伝えています。

教師「みんなは友達と協力して楽しい1年になるのと、友達と仲が悪くてつまらなくなる1年と、どちらにしたい?」

子ども「友達と協力して楽しい1年!」

教師「そうだよね。そしたら、このクラスがポジティブに成長する雰囲気とネガティブに足を引っ張る雰囲気なのと、どちらが楽しい1年になると思う?」

子ども「ポジティブに成長しようとする雰囲気!」

　いいことと悪いことの二択を与え、子どもとやり取りをしながら話をすると、言葉が届きやすくなります。

2 学級の空気を温める 「拍手はプレゼント」

■ ポジティブな空気をつくるのは難しい…

　ポジティブな雰囲気をつくるよさを共有したものの、子どもたちがすぐにポジティブな雰囲気になること…なかなかありませんよね。そんなときに、ポジティブな雰囲気をパッとつくれる言葉があります！

❗ 拍手で教室の雰囲気が一気に明るく！

　テレビや舞台などでは、本番の前に雰囲気づくりをするために「前説」というものがあります。前説では、拍手の練習をすることが定番のようです。拍手は、会場の空気を温かくする効果があるからだそうです。

　教室でも日頃から拍手を取り入れることで、空気を温かくすることができます。拍手のよさを実感させ、拍手を広げていきます。たとえば、拍手をした後に、拍手をしてもらった子に

　「拍手してもらってどうだった？」

と感想を聞きます。拍手をしてもらうと嬉しいという感想がほとんどです。そこで、

　「拍手はプレゼントなんだよ」

と価値づけして広げていきます。

拍手を習慣にして
互いを認め合うクラスに!

ここが**ポイント!** 拍手を広げる

　拍手を練習することも効果的です。拍手は、次の3つのポイントを意識させて練習します。

　　・強く　・細かく　・元気よく

　拍手は、お金もかからずいつでも誰でもでき、教室の空気を簡単に温められるノーリスクハイリターンな活動です。

【参考文献】中村健一『教室に笑顔があふれる　中村健一の安心感のある学級づくり』(黎明書房)

3 教師も子どもも「みんなで意識して笑顔になろう」

笑顔をあふれさせたい！

「教室に笑顔を増やしたい！」

そう思って学級レクをしたり、おもしろい話をしたりするものの、シラーっとした雰囲気で、なかなか子どもが笑顔になろうとしない。そんなクラスになる前に、伝えておきたい声かけがあります。

！ 笑顔を意識させよう

「楽しいから笑うのではない　笑うから楽しいのだ」

アメリカの哲学者であり、心理学者であるウィリアム・ジェームズの名言です。楽しいという感情の時に笑顔になるのではなく、笑顔になることで楽しい感情が生まれるということだそうです。なんと、口角を上げるだけでも効果があるそうです。そこで、

「意識して笑顔になろう」

と、声をかけます。

「つくり笑顔はいけないものではないの？」というご意見もあると思います。しかし、実際に意識して笑顔になると、本当に気持ちが前向きになることが実感できます。日頃から意識して笑顔になることで、楽しい雰囲気を増やすことができます。

実際にやってみることで
笑顔の効果を実感!

ここがポイント! 他にもこんな伝え方が!

教師「みんなはチョコは好きかな？　チョコを食べると、幸せな気持ちになるよね。あれってね、チョコを食べると幸せを感じるホルモンが脳から分泌されるからなんだって。でも、チョコを食べなくても、あることをするだけで、なんとチョコバー 2000 個分の幸せを感じることができるって、イギリスの大学の研究結果で明らかになったんだって！　それはね…」

教師「『笑顔』になることなんだって！　笑顔って本当にすごいね！」

【参考文献】TED「ロン・ガットマン：笑みの隠れた力」
https://www.ted.com/talks/ron_gutman_the_hidden_power_of_smiling?language=ja

4 友達同士をつなげる「男女問わず誰とでも」

■ 関わりは同じ子ばかり

　教室を見渡すと、楽しそうに遊んでいる雰囲気です。しかしよく見ると関わっているのはいつも同じ子同士ばかり。さらに、男子と女子は関わろうともしません。そんな様子が目についたときは、きちんと言葉かけしたほうがよいときです。

❗ 繰り返し伝えたい合言葉

年度はじめに、私はすぐ

「男女問わず誰とでも関われるようになろう！」

と、声をかけています。そして、「男女問わず誰とでも」と子どもたち自身に言ってもらったり、教師が繰り返し伝えたりして、合言葉として学級に定着させていきます。

　合言葉を決めると、「男女問わず誰とでも関わろう！」という意識が高まり、積極的に関わろうとします。

　ミニレクや授業、日常生活などで合言葉を意識して行動できている子を見つけたら、「男女問わず関われているね！」と、合言葉を使ってポジティブな声かけをしていくとよいでしょう。ポジティブな声かけをすると、合言葉が定着して、さらに意識して行動できるようになります。

ここがポイント！ 無理はさせない

　男女問わず誰とでも関われることはいいことです。しかし、苦手な子とはどうしても関われないという子だっています。その場合は強制しないように気をつけます。

　ただし、関わり方を教えることは大切です。苦手だからといって、無視をしたり悪口を言ったりしてはいけません。良好な関係を築き、協力しなければならないこともあります。ですので、

　「苦手な子とはどうやって関わっていったらいいと思う？」

と、子どもに投げかけ、関わり方を共有しておくことも大切です。

5

教師と子どもの関係づくり
「何に興味があるの？」

子どもとの関わりがつくれない…

　子どもと一緒に遊んで関係をつくることが大切なのはわかっています。しかし、なかなか関係をつくれない子がいて、困ってしまうなんてことはありませんか？　「この子が何を考えているかわからない」そんなことを思ったときには、まずその子に聞いてみましょう！

！　子どもとの関係づくりの第一歩

　普段、関わる機会が少なく、教師が関係をうまく築けない子がいます。関わりを持とうとするのですが、何を話したらいいかわかりません。そんなときにこの声かけがおすすめです。

「何に興味があるの？」

　ある子に話を聞くと、アニメに興味があるとのことでした。そこで、そのアニメが配信されている動画サイトでアニメを見ました。次の日、そのアニメの話をすると、その子どもはとても嬉しそうにしてくれました。

　その日以降、教師の想いを伝えると真剣に話を聞いてくれるようになりました。

　（ちなみに私は、子どもに教えてもらったアニメにハマりすぎたことが何回もあります (笑)）

好きなものの話が 子どもが心を開くきっかけに！

ここがポイント！ 相手の興味があることに関心を持つ

　アドラー心理学で有名なアドラーは、

「「共感」とは、他者の目で見て、他者の耳で聞き、他者の心で感じることである」

と、述べていて、共感は技術だと言っています。共感の第一歩は、相手の興味があることに関心を持つことです。

　子どもの興味すべてに関心を持つことは不可能だと思いますが、教師自身も楽しみながら、相手の興味に関心を持つことで教師と子どもの関係づくりをすることができます。

【参考文献】岸見一郎、古賀史健『幸せになる勇気　自己啓発の源流「アドラーの教えⅡ」』(ダイヤモンド社)

6

学級づくりの根幹「ふわふわ言葉　ちくちく言葉」

言葉の乱れが目立つ…

「バカじゃない？」「それキモい！」「マジでうざいんだけど」

子どもは笑いながら当たり前のようにネガティブな言葉を使います。言っている側は何の気もなしに言っていても、言葉が原因でしばしばトラブルが起こることもあります。ネガティブな言葉の問題は、子どもたちにはっきり伝えたほうがクラスが落ち着きます。

❗ 言われて嬉しい言葉・嫌な言葉を考えさせる

学級の言葉を整えることは、学級づくりの根幹だと考えます。言葉を整えるために、

「ふわふわ言葉　ちくちく言葉を話し合おう」

と声をかけ、話し合うようにしています。

「ふわふわ言葉 ちくちく言葉」は新潟上越教育大学の赤坂真二先生の実践です。教室に増やしたい「気持ちがふわふわする言葉」と教室からなくしたい「気持ちがちくちくする言葉」を話し合って決めていきます。

ふわふわ言葉・ちくちく言葉が決まったら教室に書いて掲示しておくことでいつでも振り返ることができます（実態によってはちくちく言葉は掲示しない方がいい場合もあります）。

ここがポイント！ 決めた後が大事

「ふわふわ言葉 ちくちく言葉」を決めて掲示物をつくって貼ったとしても、すぐに成果が上がるわけではありません。

「自分たちで決めたことを自分たちで守り、自分たちで学級をよくしよう」と声かけをしていきます。

そして、ちくちく言葉を使っている子がいたら、**「みんなで話したよね？ 使わないようにしよう」**、ふわふわ言葉を使っている子がいたら、**「決めたことを守ってくれて嬉しい！」**というように、話し合いで決まったことをもとに声かけをしていきます。

7 子どもを成長させる「ポジティブ言葉を使おう」

ネガティブな言葉が成長を止める

　何かやろうとすると、「だるっ」「めんどくさ」「やりたくない」と、すぐに後ろ向きな言葉を使う子はいないでしょうか。後ろ向きな言葉を使ってしまうとその子の成長を妨げてしまうだけでなく、クラスの雰囲気も悪くなってしまいます。やらなければいけないことなのだから、前向きにやってほしいものです。

❗ ネガティブな言葉が出たらすかさず声かけ！

　学級を前向きにするためにしている声かけが、

「ポジティブ言葉を使おう」

です。たとえば、「だるっ」「めんどくさ」「やりたくない」のようなネガティブ言葉が出たときは、

　「そういうときはね『ようし、やるぞ！』って言うんだよ。よし、試しに言ってみよう！」

と、ポジティブ言葉を教えて実際に使ってもらいます。子どもがポジティブ言葉を口に出した後に、

　「ポジティブ言葉を使ってみてどうだった？」

と、感想を聞いてポジティブ言葉のよさを共有します。

ネガティブな反応のクセを ポジティブな反応に変える!

ここがポイント! 価値語

　ポジティブ言葉を教えるのにとても有効的なのが「価値語」です。価値語は、菊池省三先生の実践で、「子どもたちの考え方や行動をプラスに導いていく言葉」のことです。たとえば、

- ・出席者ではなく参加者になろう
- ・一人が美しい
- ・価値ある無理をしよう

というような言葉があります。価値語を教えることで、子どもたちは価値語を意識して前向きな行動を心がけられるようになります。

【参考文献】菊池省三「菊池省三先生の価値語日めくりカレンダー」（中村堂）

8 人間関係をつくる 「レクを成功させる 作戦会議を開こう」

■ 成果の上がらない学級レク

　学級レクをしたもののケンカになってしまい、なんだか嫌な雰囲気になることがあります。一方で、楽しんだのはよかったのですが、常にだらーっとした態度の子ばかりで「授業をサボりたいだけ？」と感じてしまうこともあります。そんなことが予想されたら、あらかじめこんな声かけをしておきましょう。

❗ 学級レクを「成長の機会」にする声かけ

　学級レクは「楽しむためだけの時間」ではなく、「子どもが成長する時間」にしたいものです。そんなとき、学級レクをする前に

「レクを成功させる作戦会議を開こう」

と、話し合うようにします。すると、

　「ネガティブ言葉を言わないでポジティブ言葉を言う」

　「拍手をする」

　「男女問わず関わる」

など、学級レクがうまくいくための方法を決めることができます。自分たちで考えて決めた方法をもとに学級レクを運営することで、成長につながる学級レクにすることができます。

ただ楽しむだけの学級レクを学級づくりの時間に変える！

レクを成功させる作戦会議を開こう！

ネガティブな言葉を言わない
ポジティブな言葉を言う！
・拍手をする
・男女問わず関わる

他にアイデアはありますか？

何がいいかな？

ハイ！

ここがポイント！ 「嬉しかったことは何？」と振り返ろう

　学級レクの最後に振り返りをすると、さらに成長につながる学級レクにすることができます。その時の声かけは、

　「嬉しかったことは何？」

です。すると、

　「〇〇くんに拍手してもらって嬉しかった！」

　「うまくいかなかったときにドンマイ！　と言ってもらえた」

　「ドッジボールでボールを渡してもらいました！」

と、作戦会議を意識してポジティブに振り返ることができます。

9 子どもに伝える 「教師が叱る基準」

叱りすぎ？　叱らなさすぎ？

　学級経営をする上で、どうしても叱らなければならないことがあります。しかし、叱りすぎて、子どもが離れてしまうことや、叱らなすぎることで、子どもが好き勝手に行動してしまうことがあります。ただ叱るだけでは効果がありません。子どもが納得できるように叱ることが大切です。

❗ 叱る基準をハッキリ伝えて安心できる教室に

　教師が叱る基準が曖昧だと、子どもも不安になってしまいます。そこで、野口芳宏先生の実践である

「教師が叱る基準」

を、子どもたちと共有します。教師が叱る基準は次の3つです。

- ・生命の危険に関わること
- ・他人の不幸の上に自分の幸せを築くこと
- ・三度注意して、改善の見込みが認められないとき

　叱る基準を明確にすることで、子どもは叱られていることに納得し、自分の過ちを客観的に捉えて素直に受け止められるようになります。

一人の人として許さないことの基準を明確にする！

ここがポイント！　叱る側も意識する

　叱る側も叱る基準を意識します。３つの基準に当てはまっていなければ、□うるさく叱らないようにします。叱らなくていいと思うと、不思議なもので気持ちも楽になります。

　叱る基準を明示したにも関わらず□うるさく叱ってしまうと、

　「先生は約束を守らない人なんだ！」

となってしまい、いざ大切な場面で叱らなければならなくなったときに納得してくれなくなります。

【参考文献】野口芳宏『野口流　教師のための叱る作法』（学陽書房）

10

叱られたことを前向きに捉える「成長する叱られ方」

いくら言っても行動が改善しない…

　叱らなければならないことだったので叱りました。叱り方だって子どもに伝わるように心がけたつもりです。しかし、子どもはふてくされてしまい、意図が全然伝わってない…。こんなことにならないよう、事前に全員に伝えておくとよいことがあります。

❗ 改善が見られないのは叱られ方を知らないから

　教師がいくら叱り方に気をつけたとしても、子どもに受け取る意識がなければ伝わりません。そこで、

　「成長する叱られ方」

を、子どもたちと共有します。成長する叱られ方は次の5つです。

　　①受容…叱られたことを受け入れます

　　②反省…二度としないと心に決めます

　　③謝罪…自分が悪かったと謝ります

　　④改善…自分の行動を変えて成長につなげます

　　⑤感謝…間違いに気付かせてくれたことに感謝します

　叱られ方を教えると、子どもは叱られたときにしっかりと受け止め、行動改善をすることができるようになります。

この **ひと言**が 効く！

叱られ方を教えることで 子どもの成長スピードが変わる！

「成長する 叱られ方」 があります

成長する叱られ方

① 受容　叱られたことを 受け入れます

② 反省　二度としないと 心に決めます

③ 謝罪　自分が悪かったと 謝ります

④ 改善　自分の行動を変えて 成長します

⑤ 感謝　間違いに気付かせて くれたことに感謝します

ここがポイント！ 「感謝」はどうする？

　成長する叱られ方は、「感謝」までがワンセットです。しかし私は叱ったときに、感謝してもらわなくてもいいかな？　と思っています。

　でも、いつか出会う人から叱られたときは感謝できる人になってほしいと思っています。ですので、

　「髙橋先生には④の改善までしてくれればいいですよ。でもね、これから出会う人には、⑤の感謝をできるようになってほしいと思っています」

と、子どもに伝えています。

【参考文献】野口芳宏『野口流　教師のための叱る作法』（学陽書房）

第 **2** 章

クラスがしっかりまとまる！

学級づくり
声かけフレーズ

1 学級をまとめるための 「学級目標はなんだっけ？」

学級がまとまらない

　日常の授業や学校行事など学級でまとまって取り組みたいことがあります。しかし、子どもたちの気持ちはバラバラ…。まとまって活動することができません。こんなときには初心に立ち返ってもらう声かけが有効です。

！ 困ったときは学級目標に立ち返ろう

学級をまとめたいとき、有効な声かけフレーズがこちら。

「学級目標はなんだっけ？」

　学級目標は、学級が成長するための共通の目標です。「学級目標はなんだっけ？」と声をかけることで、共通の目標に向かって、どのように取り組み、どのように成長していくか共有することができます。

　年度はじめ、新鮮な気持ちで、学級をよくしたいと思い、学級目標を決めたと思います。しかし、時間が経つとそのときの新鮮な気持ちを忘れてしまい、学級目標がただの飾りになってしまうことがあります。

　そんなときに、学級目標をもう一度確認することで、年度はじめの「成長したい！」という気持ちを大切にしながら取り組めるようになります。

初心に立ち返って、
いまを振り返る！

ここがポイント！ 学級目標を飾りにしない

　年度はじめに一生懸命に話し合って決めた学級目標をキレイに飾り付けて掲示物にしました。大切にしていたと思っていた学級目標なのに、気づくとただの飾りになってしまうことがあります。

　学級目標を効果的にするには、教師が学級目標の言葉を普段から使うことです。たとえば「協力」という言葉が学級目標に入っているなら…

　「協力してグループの考えをまとめましょう！」

　「○○くんの協力している姿は素敵だなぁ」

と、学級目標の言葉を使って指示をしたりほめたりします。教師が学級目標の言葉を使うことで、効果的な学級目標にすることができます。

2 学級を自分ごとにする 「学級をよくするのはみんなだよ」

■ 頑張っているのは教師だけ…

　学級目標、ふわふわ言葉やちくちく言葉、ポジティブ言葉 etc…。教師は意識しているのに子どもはなんだか人ごと。全く意識して生活していません。学級をよくするために、教師だけが頑張っている気がする…。そんなときにははっきり誰がクラスの主体なのかを話しましょう。

❗ 頑張るのは子どもたち自身だと気付かせる

　学級をよくしようと子どもが自分ごととして考えるようにするための声かけが、

　「学級をよくするのはみんなだよ」

です。この声かけをすると、子どもはハッと気づいてくれます。しかし、すぐに忘れてしまうので、この声かけを続けることが大切です。そうすることで、自分たちで学級をよくしようと心がけてくれるようになります。

　教師は、自分たちで学級をよくしようとしている姿を見つけたら、
　「自分たちで学級をよくしているね」
　「みんなの力はすごいなぁ」
と、喜びます。

　子どもが頑張り、教師が喜ぶことで、子ども自身の力で学級をよくする意識が高まっていきます。

この ひと言が 効く！ 子どもの主体性をうながす！

ここがポイント！ 子どもに学級を渡す

　子どもが学級をよくするために大切なポイントは、教師自身も「学級は子どものためにある」と意識することです。

　「学級をよくするのはみんなだよ」といくら声をかけても、実際に行動するのは子どもです。うまくいかないことがたくさんあります。教師はうまくいかない場面を見てしまうと、「自分がやってしまった方が早い」と思い、子どもの活動を代わりにやってしまいたくなるかもしれません。

　もちろん、全てを子どもに任せるのは違うと思いますが、子どもの活動を教師がやってしまい、子どもの成長のチャンスを奪わないように心がけましょう。

3 進んで行動
「いいと思ったことは とりあえずやってみよう」

■ 自分からなかなかやろうとしない

　教師がお願いすればお手伝いをしてくれます。行事の役員をやってくれます。しかし、自分から進んで行動に移してくれる子はなかなかいません。「自分からやりなさい！」と言いたくなったときの一言！

❗ 勇気が出ない子に向けてハードルを下げてあげよう

　自分から進んで行動に移せない子にしている声かけがこちら。

「いいと思ったことはとりあえずやってみよう」

　子どもは本心では「やった方がいい」と思っています。しかし、面倒に感じたり、勇気が出なかったりして、「別にやらなくてもいいか」とつい流されてしまいがちです。そこで、「やった方がいいと少しでも思ったならやってみよう」と、声をかけています。

　「とりあえず」もポイントです。とりあえずには、

> ほかのことはさしおいて、まず第一に。何はさておき。
> 『大辞泉　第二版』(小学館)

という意味があるので、いいと思ったことをやってみるハードルを下げることができます。

教師が背中を押すことで勇気を出して行動できるように!

ここがポイント! 「悩んでいるならやった方がいい」

　他にも、「やろうかな?　どうしようかな?」と悩んでいる子にかける声かけがこちら。

　「悩んでいるならやった方がいい」

　「やった後悔よりやらなかった後悔の方が、人生で後悔することが多いんだよ。だから、いまのうちから、少しでも悩んでいたらやる癖をつけておいた方が素敵な人生を歩めるよ」

と話しています。私自身、これまでの人生でやっておけばよかったなぁと後悔することがたくさんあります(笑)。

4 よい行動を広げる
「よい行動をマネして広げよう」

よい行動が広がらない

　誰かが学級のためによい行動を取ってくれることがあります。本当にありがたいことなのですが、よい行動を取ってくれるのはその子だけ。他の子は気にも留めません。そんな姿が目に付いたとき、こんな声かけをしていきます。

❗ よい行動を広げて学級を成長させよう

　子どもたちは「誰かがやっているからいいや」と思っています。それでは学級もよくならないし、子どもの成長にもつながりません。そんなとき、このように声かけをしています。

「よい行動をマネして広げよう」

　多くの子どもはよい行動を「マネする」ということを恥ずかしいと思っていたり、悪いと思っていたりします。ですので、「よい行動をマネして広げることが学級をよくすることにつながるんだよ」と、よい行動をマネする大切さを伝えます。

　そうすることで、「マネしてもいいんだ」「マネすることはいいことなんだ」と思うことができ、マネしてよい行動を広げることができるようになります。

よい行動に着目してモデルを示し、クラス全体に広げていく！

ここが**ポイント！** よい行動が広がることを喜ぶ

この声かけをすると、すぐに行動に移してくれる子もいれば、そうでない子もいます。つい、行動に移していない子のことが気になってしまいますが、そこはグッと堪えます。

教師は行動に移してくれた子に着目して、

「よい行動が広がって嬉しいよ！ 学級がどんどんよくなっていくね。ありがとう！」

と、よい行動が広がることを喜ぶようにしていきましょう。教師が喜ぶことで、よい行動をマネして広げることがよいことなのだと実感してもらいます。

5

子どもたちにバトンを渡す「何か手伝えることはある？」

いつも教師任せ…

　子どもに主体的に活動に取り組んでもらいたいと思うのに、実際はいつも教師からの指示やアドバイス待ち。なかなか主体的に動くことができません。「自分でやろう！」と言いたくなってしまいます。そんなときにパッと子どもの意識が切り替わる声かけです。

❗ 学級の主体は子どもたち自身だと気付かせる

　子どもが自分からやらないのは、学校では教師が主体で何かをやることが当たり前だと思っているからです。そんなときは、こんな声かけをしています。

「何か手伝えることはある？」

　「手伝えることはある？」と尋ねることで、何か行動を起こすときのバトンは教師ではなく、子どもが握っていることを暗に伝えます。子どもは自然と「自分たちで動くものなんだな」と思うようになり、潜在的教育効果（ヒドゥンカリキュラム）を働かせることができます。

　主体は子ども。教師はあくまでもサポートです。教師が持っている主体性のバトンを子どもに渡せるように、心がけましょう。

　とはいえ、子どもが間違った方向にいってしまったら教えるのも教師の役割です。子どもに任せることと、教師が導くことのバランスを大切にします。

活動するのは子ども！
教師はサポート役！

ここがポイント！ 「手伝うよ」「協力するよ」問題

　家庭での家事をするときに「手伝うよ」「協力するよ」と声をかけると夫婦喧嘩が起きるという話を聞いたことがあります。

　これは、確かに一理あるなと思いました。家事をするのは、家族全体の仕事なのに、「手伝うよ」「協力するよ」と言われてしまうと、家族全体の仕事のはずが、「あなたの仕事なんだよ」と言われている気がしてしまうからです。

　今回のこの声かけは、これを逆手に取り、「あなたの仕事なんだよ」というメッセージを伝えるために使っています。

6 挑戦を恐れない
「挑戦は成長のチャンス」

▌挑戦しない子ばかり…

「〇〇やってくれる人？」
と声をかけるのですが、誰も手をあげようとしない。役員がなかなか決まらない…。そんなときにはこの声かけです！

❗ 挑戦する価値を伝える！

　子どもたちが何かをやらない理由の大半は「恥ずかしいから」。やらない方が得だと感じていることが多いです。だからこそ伝えたいことが
「挑戦は成長のチャンスだよ」
という言葉です。挑戦するからこそ成長できることがたくさんあります。そのよさを子どもに伝えることが大切です。たとえばどんなことが成長できるでしょうか？

　　・役割を果たす責任感
　　・仲間をまとめるリーダーシップ
　　・何かに挑戦する勇気

　教師が「とりあえず形だけ委員を決めておけばいいだろう」というマインドでは、子どもは挑戦しようとしません。そこで、挑戦することが成長のチャンスだと心から伝えていきます。

勇気を出して一歩ふみ出すことを後押しする!

ここがポイント! 合わせてこの声かけ

「挑戦は成長のチャンスだよ」と呼びかけても、勇気を出して一歩踏み出せないときがあります。そんなときには次の2つの声かけをしています。

「悩んでいるならやった方がいい」

「大丈夫。あなたをバカにする人はこのクラスにはいないよ」

「悩んでいるならやった方がいい」は他の項目でも紹介した声かけですね。ここでも有効です。この2つの声かけで、子どもの挑戦する気持ちと、できるかどうか不安な気持ちをサポートしていきます。

7 勇気を与える「挑戦を応援する人になろう」

頑張る子を横目に他の子は他人事…

「よろしくお願いしまーす…」やっとのことで役員が決まりました。役員にならなかった子どもたちからは「自分にならなくてよかったぁ」と、人任せな気持ちが伝わってきます。ここで大切なことを伝えます。

❗ 全員が一丸となって頑張るクラスに

頑張るのは役員だけではありません。何事も学級全体で一丸となって取り組む必要があります。そこで、

「挑戦を応援する人になろう」

と、声をかけていきます。成長できるのは委員に挑戦した子だけではありません。その子を応援するからこそ成長できることもたくさんあります。では、応援によって成長できることとは何でしょうか？　それは、

人に勇気を与えられるようになる

ということです。

自分の周りにいる不安に思う人や傷ついている人に対して、勇気を与えられる素敵な人に育ってほしいという願いを込めて、声かけをします。

挑戦する人も応援する人も、学級全体で成長できる!

ここがポイント! 合わせてこの声かけ「どんなサポートができそう?」

　私は、合わせて

「○○さんが役員をやってよかったと思えるように応援していこうね。『頑張れ!』って応援することのほかに、どんなサポートができそう?」

と言って、サポートできることを話し合い、具体的なアイディアを出し合っていきます。

　話し合って決めること自体も大切ですが、話し合っている様子を見て、挑戦した子は安心感を持つことができます。

8 うまくいかないからこそ 「失敗の積み重ねが 成長につながる」

失敗はいけないこと？

「また失敗してしまった…」

挑戦したものの失敗してしまった。頑張ってもうまくいかない。そんなことが続くと子どもは落ち込んでしまいます。失敗はいけないことだと思っている子どもの気持ちをなんとかしたいときに言いたい声かけです。

！ 失敗するからこそ成長できる！

子どもが失敗をポジティブにとらえられるためにしている声かけが、

「失敗の積み重ねが成長につながるんだよ」

です。

何かに挑戦するということは失敗と隣り合わせです。その失敗をいけないものとしてとらえるのではなく、成長のチャンスとしてとらえられるように考え方を変えるきっかけをつくります。

ただし、失敗したままでは成長につながりません。失敗を受け止め、どのように乗り越えていくか考え、立ち向かっていかなければなりません。教師は、そんな子どもに寄り添い、助けになれるようにします。

この**ひと言**が効く！

失敗することはいけないことではなく、成長するために欠かせないこと！

ここがポイント！ 教師が失敗談を語る

「失敗の積み重ねが成長につながるんだよ」と声かけすることはとても素晴らしいと思いますが、この声かけだけでは子どもの心に響きません。そこで大切にしていることが

教師が失敗談を語る

ことです。教師自身が、いままでの人生で失敗し、その失敗が成長につながったことを具体的に語ることで、子どもに勇気を与えられます。

失敗することは嫌なことだけれども、それを乗り越えることで成長できることを一人の人間として伝えていくことで、説得力をもって子どもに伝わります。

9 失敗を許せる空気をつくる 「失敗を笑顔で励まし合おう」

失敗をあざわらう雰囲気

「失敗してやんの！」「だっさ！」

何かに挑戦して失敗してしまった子をあざわらう雰囲気があると、挑戦した子は傷つき、嫌な雰囲気がクラスに漂います。そんな雰囲気が広がるのを防ぐために日頃からこの声かけをします。

！ 励まし合う雰囲気をつくる

人の失敗をあざわらってしまうのは、誰かが失敗してしまったときの立ち振る舞い方を知らないからかもしれません。そこで、

「失敗を笑顔で励まし合おう」

と、教えましょう。

同じ笑うのでも、あざわらうのと励まし合う笑顔では大違いです。笑顔で

「頑張っているよ！」

「失敗の積み重ねが成長につながるんだよ！」

「何か手伝えることない？」

と、子ども同士で声をかけ合えれば、それは勇気につながります。挑戦を応援する人になるためにも、笑顔で励まし合うことを大切にしています。

人を傷つける「笑い」ではなく
人を幸せにする「笑い」を教える！

ここがポイント！ 「あざわらい」と「笑顔」の違い

　機会をつくって、「あざわらい」と「笑顔」の違いを子どもたちに教えます。

人をバカにして笑うことを「あざわらい」

人に寄り添えるのが「笑顔」

　もし自分が失敗したとき、バカにされながらあざわらいをされるのと、笑顔で寄り添ってもらうのとどちらがいいか考えてもらいます。大半は、笑顔で寄り添ってもらうことの方がいいと答えてくれます。

　その上で、笑顔で失敗を励まし合おうと声をかけることで、より素敵な雰囲気をつくることができます。

10

過程を大切にする 「何が成功につながったの？」

■ ほめるだけで終わってしまっていませんか？

　子どもが何かに挑戦した結果、成功したので「正解だったね！」「うまくいったね！」と、声をかけました。しかし、結果に着目しただけでは、成長につながりません。成功したときに過程に着目させる言葉があります。

❗ 結果だけでなく、過程も大切に！

　もちろん、挑戦した結果が成功につながることは素晴らしいことです。成功した結果にポジティブな声かけをすることも素晴らしいことです。しかし、結果にだけ着目してほめるばかりでは、成功することだけがよいことだと子どもは感じてしまいます。そこで、このような声かけを大切にしています。

「何が成功につながったの？」

　この声かけをすることで、成功した結果ではなく、成功するまでの過程を聞くことができます。すると、その子の努力や工夫など、悩みや失敗を乗り越えた話を聞き出すことができます。

　失敗することを前提に、はげまし合う雰囲気を大切にするからこそ、成功するまでの過程も大切にするようにしています。

ひと言が効く！

「失敗」「成功」ではなく成長の過程を大切にする！

ここがポイント！ 「過程」の大切さを普段から語る

　私は普段から

「成功しなくたっていい！　でもね、努力できる人になってほしい」

と語っています。そして、次のような話もしています。

　「成功することは素晴らしいことだけれども、小学校で成功したことが直接将来役に立つことはあまりないんだよ。だから先生は、成功しなくたっていいと思ってるよ。でもね、**努力して成長したことは将来、役に立つことがたくさんあるんだ。**だからこそ、努力できる人になってほしい。でも不思議だよね。成功する人って、みんな努力している人なんだ。成功よりも努力の方が大切だと思って努力すると、成長だけでなく、成功にもつながるんだよ」

第 3 章

子どもを授業で育てる！

授業づくり
声かけフレーズ

1

授業の根幹
「成長する聞き方が大切だよ」

授業がうまくいかない…

　教師が話していても友達が発表していても聞かない雰囲気があると、なんだか授業がうまくいっている気がしません。「話を聞きなさい！」と強く言いたくなってしまいます。そこを抑えて、まず聞き方の指導をしましょう。

❗ 聞けないのは「聞き方」を知らないから

　子どもたちが話を聞けないのは、話の聞き方と、話を聞くよさを知らないからかもしれません。そんなときは

「成長する聞き方が大切だよ」

と、声かけをしていくとよいでしょう。成長する聞き方には、

- ・話し手の目を見ること
- ・話し手に正対する (体を向ける) こと
- ・姿勢を正すこと
- ・反応すること
- ・相手の意見を尊重すること

の５つがあります。この５つの聞き方を子どもたちに教え、よさを実感させ、成長する聞き方ができるようにしていきます。

よい聞き方の具体例を示して、できるようにする！

ここがポイント！ よい聞き方は「話し手」も育てる

　成長する聞き方は、聞き手を育てるだけではありません。話し手を育てることもできます。

　授業中に、自信がなく小声でしか発表できない子がいるとき、

　「発表しなさい！」「発表の声を大きくしなさい！」

と言いたくなってしまいます。

　そんなとき、話し手ではなく、よい聞き手を育てることで、多くの子が安心して発表に挑戦できたり、自信を持って発表できたりするようになります。

　よい聞き手を育てることがよい話し手を育てることにもつながるので、成長する聞き方を教えることを授業の根幹として大切にしましょう。

【参考文献】野口芳宏『教師の作法　指導』（さくら社）

2 話を大切にする 「目を合わせて話を聞こう」

聞いている様子なのになぜか話が入らない…

　クラス全員静かにしているので、一見、話を聞いている様子です。しかし、教師が話終わってすぐに「先生。次は何をするんですか？」と、子どもからの質問。「それ、さっき言ったばかりなのに！」と言いたくなったら、この声かけをしてみましょう。

🔔 目を合わせることで理解度アップ！

　話を聞いているようで聞いていないとき、子どもをよく観察すると、目が色々な方向に向いています。そんなときに、この声かけです。

「目を合わせて話を聞こう」

　大人のコミュニケーションで「目を見て話す」ことが大切だとよく言われます。相手に好感を持ってもらえるという意味合いもあると思います。しかしそれだけでなく、**相手の話の内容がよくわかる**というよさもあると思います。実際、私自身、相手の目を見て話を聞くのとそうでないときでは、目を見て話を聞いたときの方が話の内容をよく理解できると感じています。

　目を見て話を聞くよさを子どもにも教えていきます。

静かにさせるのが目的ではなく、話を聞いて理解できるようにする！

ここが ポイント！ 目を合わせるよさを体感させる

とはいえ、「目を合わせて話を聞こう」と言っただけで、すぐに目を合わせて話を聞けるようになるわけではありません。そこで、目を合わせるよさを体験してもらいます。

「○○さん、目を合わせてくれて嬉しいよ。先生の話を大切にしてくれているんだね。ありがとう」と声をかけたり、

「△△さん、目を合わせて話を聞いたら、どんないいことがあった？」と、目を合わせて話を聞くよさについて共有していきます。

できないことを咎めるのではなく、目を見て話を聞ける子を増やしていけるように声をかけていきます。

3 話を聞く態度にする「話し手に体を向けよう」

話を聞く雰囲気にならない

　教師が話をしたり、友達が一生懸命に話をしているとき、どうも話を聞く雰囲気にならない。そんなときの指導のコツです。

❗ 姿勢を変えるだけで大きく変わる

　話を聞く雰囲気にするために

「話し手に体を向けよう」

と、声かけをしています。

　この声かけは、聞く形をつくるための声かけです。聞く雰囲気をつくるために、心に投げかけることも有効ですが、形をつくることが有効な場合もあります。

　話し手に体を向けて話を聞いてもらった後、

　「体を向けるとどんないいことがあった？」

とたずねます。すると、

　「目を合わせて話が聞きやすくなった」

　「相手の言っていることがわかりやすくなった」

などの意見が子どもたちからあがるようになります。よさを共有することで、話し手に体を向けて話を聞けるようになります。

学級の聞く雰囲気づくりは、まず「形」から！

ここがポイント！ 話し手も嬉しい

話し手にも、

「体を向けて話を聞いてもらうとどんな気持ちになる？」

と、聞いてみます。すると、

「話を聞いてくれて嬉しい」

「安心して話ができた」

と、体を向けて話を聞いてもらうよさを答えてくれます。聞き手と話し手が感じる体を向けるよさを共有した後に

「体を向けて話を聞くことで、話を大切にできる学級になるね」と、学級全体で話を聞くことを大切にしていこうと呼びかけます。

4 話に集中できる「何も触らないで話を聞こう」

手遊びをしてしまい話に集中できない子がいたら

　話を聞く雰囲気をつくったり、目を合わせて話を聞かせたりしても、どうしても話に集中できない子がいます。その子の手元を見てみると、いつも手遊びをしていたり、不必要なものを持っていたりします。手元が気になって話に集中できていないようです。

！ 話し始める前にひと言かけるのがポイント

　手遊びをしている子には、

「何も触らないで話を聞こう」

と、声かけしてから話すようにしています。すると、ハッとしたように手遊びをやめて話に集中してくれます。

　物を持っていて話に集中できない子には、

　「持っているものをしまいましょう」

と言うとさらに効果的です。

　目の前に気になることがあると、どうしても話に集中することができません。そこで、まず話に集中するための方法を教えることが大切です。

集中をさまたげるものを取り除く！

ここがポイント！ すぐに元に戻ってしまうときには

　声をかけた直後は手遊びをやめたとしても、気がつくとまた手遊びをしていて、元の聞き方に戻ってしまうことがあります。手遊びするのに理由はありません。クセになっているだけです。だから、手遊びをする度に、優しく根気よく、教え続けましょう。

　また、ふとした瞬間に手遊びをせずに話を聞いていることがあったら、その瞬間を逃しません。

　「手遊びがないと話をしやすいよ。ありがとう」

と感謝の言葉を伝えています。手遊びをしてしまうときだけでなく、していないときに着目して、ポジティブな声けができるように心がけましょう。

5 話し手を安心させる「反応をしよう」

▌話を聞いているのかいないのかわからない

　目を合わせて静かに話を聞いてくれている子どもたち。しかし、こちらがどんなに話しかけても無反応。伝わっているかどうか不安になってしまいます。

❗ リアクションの仕方を教えよう

話に無反応のときはこちらの声かけ。

「反応をしよう」

反応の仕方には色々あるということを次のように教えます。

- ・納得したときはうなずく
- ・納得できないときは首を横にふる
- ・わからないときは首を傾げる
- ・「はい」と返事をする
- ・「嬉しい！」「すごい！」など、思ったことを口にする

　話し手としては、声に出して反応してほしいものです。もし声を出すことが難しいのであれば、首を動かすだけでも話し手を安心させることができます。

　話し手が一方通行にならないためにも、反応の大切さを教えます。

聞き手の反応が
発表者に安心感を与える!

ここがポイント! **話の理解にもつながる**

　話に対して、うなずいたり首を横に振ったり、首を傾げたりと反応するためには、話の内容を理解していなければできません。ですので、反応することを大切にして話を聞かせることは、話の内容の理解にもつながります。

　とはいえ、最初からすぐにうなずくことはできません。そこで、まずは教師が話しながらうなずいたり、首を横に振ったり、傾げたりしながら話をして、反応しながら聞くお手本となるようにします。

　教師側も動きを取り入れて話をすることで、聞き手の頭に入りやすい話をすることができます。

6

相手を大切にする
「相手の意見を大切にしよう」

■ 友達の意見をすぐに否定する

　誰かが意見を言うと、

　「違うと思います」「おかしくない？」「反対です！」

と、否定する意見が飛び交うことがあります。相手の意見を大切にしない反応が許せないと思い、つい叱りたくなってしまいます。

❗ 相手を大切にすることを教える

　否定的な意見が飛び交う雰囲気のときは、

「相手の意見を大切にしよう」

と声かけをします。意見に対して否定的になってしまうのは、相手を否定することが当たり前になっているからかもしれません。そこで、相手の意見を大切にしようと呼びかけていきます。

　とはいえ、否定してはいけないという訳ではありません。頭ごなしに否定するのではなく、相手の意見を大切にした上で、反対の意見を述べるように声をかけていきます。

　ここで大切なことは、教師も子どもの意見を大切にするということです。教師が日頃から子どもの意見を尊重する態度を見せ、相手の意見を大切にする態度や方法を示すように心がけましょう。

意見を否定するのではなく、尊重する文化をつくる!

ここがポイント! **意見を大切にする方法を教える**

　子どもたちに、「意見を大切にしよう」と呼びかけても、どのようにしたら大切にできるのかわかっていないのかもしれません。そこで、意見を大切にする方法を子どもたちに教えていきます。たとえば、

　・意見に納得した→「いいね」「なるほど」と声を出して反応する
　　　　　　　　　　うなずく

　・意見に反対　　→「○○さんの意見もいいけれども」と、一度受け入れてから反対の意見を言う

　相手の意見を否定する雰囲気があるのであれば、相手の意見を大切にする方法を教え、大切にする雰囲気づくりをしていきます。

7

聞き手に声を届ける
「上向きの声で話そう」

声が聞こえない

　発表するときや、音読をするとき、朝の会や帰りの会を進行するときなど、子どもたちの声が小さくて聞こえないことがあります。「声が小さい！」と言っても、声は大きくならないので、困ってしまいます。

❗ 聞きやすさのポイントは「声の向き」

　声が小さくて困るのは、話の内容を聞き取ることができないから。低くて小さい声でボソボソと話されても聞き取るのは難しいものです。そこで、声が小さいときにしている声かけがこちら。

「上向きの声で話そう」

　上向きの声とは、上の方向を意識した、少し高めの声のことを言います。

　不思議なもので、声の高さを変えるだけで、話の内容が聞き取りやすくなります。

　大きい声を出すことが苦手な子も、声を上向きにすることは声を大きくするよりもハードルが低く感じるようで、聞き取りやすい声になります。

このひと言が効く！

同じ声の大きさでも、相手への届き方が変わる！

ここがポイント！ 合わせてこの声かけ「数が大事だよ！」

　教科書の一斉音読や体育の準備運動など、学級全体で合わせて声を出すことがあります。そのとき、「声を大きくして！」と言っても、一部の子の声が大きくなるだけで、声を出すことが苦手な子は声を大きくできません。そこでこの声かけです。

「声の大きさより数が大事だよ」

　この声かけを通して、小さくてもいいから全員で声を出そうと呼びかけていきます。上向きの声と合わせてこの声かけを行うと、学級全体の声が変わっていきます。

8 わかりやすく話す
「まる「。」（句点）を増やそう」

▍発表の一文が長い…

　発表するときのことです。

　「〜で、〜で、〜で、〜で…」

と、一文がものすごく長く、聞き取りづらい発表になってしまいます。

❗ 発表が上手になるコツがあった！

　一文が長くなってしまうのは、文章をつなげてしまうから。そこで、文章を区切るために使うのがこの声かけです。

「まる「。」（句点）を増やそう」

　子どもたちの実態によって、「まるを増やそう」と言ったり、「句点を増やそう」と言ったり使い分けています。

　発表する前に、この声かけをして子どもたちに意識させます。

　とはいえ、この声かけをしてもすぐに使えるようになる訳ではありません。発表で、子どもが「〜で…」と言ったら、

　「〜です」

と教師が句点を増やす方法をその場で教えます。積み重ねることによって、だんだんと一文を短くすることができます。

区切りを意識して話すと
伝わりやすさが格段に変わる!

ここがポイント!　作文指導でも効果的!

　作文を書くときも子どもたちは一文を長くしてしまいます。ですので、作文指導でも「まる「。」(句点)を増やそう」は効果的です。ゲームのような感覚にして、

　「まる「。」(句点)1つにつき、10点だよ」

と、声をかけると子どもたちは熱心に、文章を短くします。

　熱くなりすぎて、一文を短くしすぎることもあるので注意です(笑)。

9 言葉だけでない 「手を使って話そう」

■ 棒立ちでしゃべっている…

　黒板にかかれた図を使って全体発表をしてもらうときのことです。指名した子に黒板の前に来て発表してもらいました。発表内容は悪くないものの、ただ立って話しているだけなので、内容が伝わりません。これでは、前に来てもらった意味があまりありません。

❗ 伝わりやすい発表のポイントは「手」を使うこと！

そんなとき、このような声かけをしています。

「手を使って話そう」

すると、黒板にかかれた図を使いながら発表をしようとしてくれます。しかし、すぐにはうまくできません。教師が横で寄り添いながら、

「指でここを指してごらん」

「この部分を手で丸をかいて強調してみよう」

などとアドバイスをします。このように、子どもに寄り添いながら、手を使って話せるようにサポートをすることで、徐々に手を使って話せるようになります。

　黒板だけでなく、その場で立って話すときも手を使って話すように声かけをすると有効です。

身ぶり手ぶりを使うと
発表上手な子がどんどん増える!

ここがポイント！ ミニゲームで練習！

ゲーム「好きな〇〇はなんですか？」

　ゲームを通して話し方を楽しく練習できます。ルールは次の通りです。

　　①2人1組を作ってジャンケンをする

　　②勝った方が負けた方に「好きな〇〇はなんですか？」と質問する。

　　　例）食べ物、色、スポーツなど

　　③今度は負けた方が勝った方に質問する

　　④ペアを変える

　好きなものを答えるときに、手を使って話させると楽しみながら活動できます。

10 聞き手の反応を生む 「〜ですよね と確認しよう」

発表者の一方的な発表

発表者が一生懸命に発表してくれます。しかし聞き手の様子は、「シーン」。一生懸命に聞いている子もいれば、「自分は関係ない」と思っている子もいます。聞き手も話し手と一緒に発表に参加してほしいものです。

❗ 話し手と聞き手の呼応を生む言葉

話し手と聞き手のやり取りが生まれる発表にするために、

「〜ですよね と確認しよう」

と声かけをしていきます。発表者が「〜ですよね」と言った後は、聞き手には「ハイッ」と反応してもらいます。たとえば、

「2×3＝6　ですよね？」

と話し手が確認したら、聞き手には

「ハイッ」

と反応してもらいます。

最初はこのように反応する型を与えますが、慣れてきたら型を使わずとも反応できるようになっていきます。

話し手と聞き手のやりとりのある発表ができるようになる!

ここがポイント! 教師も「〜ですよね」と確認する

　教師だって、話しているときにシーンとしてしまい、寂しい思いをすることがあります。そんなとき、教師も「〜ですよね」と、型を使って話をします。そうすることで、子どもは型のとおり、「ハイッ」と反応をしてくれます。やはり、話すときに反応してもらいながら聞いてもらうことは嬉しいですし、内容が伝わっていると安心します。

　教師が普段からこの型を使って話すことで、子どもたちも自然と使えるようになってきます。

　反応に慣れない最初のうちは、「〜ですよね」とわざと強調することで、子どもたちは楽しみながら反応してくれます。

11 聞き手に質問「〜はなんですか？と問いかけよう」

発表者だけが話して、聞き手は上の空…

発表者が一生懸命に話をしています。しかし、聞き手はただ受け身の姿勢で聞いているだけです。発表者に発表を任せるのではなく、聞き手にも発表に参加してもらいたいものです。

❗ 声を出して聞き手も発表に参加する！

聞き手にも発表に参加してもらいたいときにしている声かけが

「〜はなんですか？　と問いかけよう」

です。発表者が「〜はなんですか？」と問いかけた後は、聞き手にはその答えを「○○です」と答えてもらいます。たとえば、

「2×5はなんですか？」

と話し手が質問したら、聞き手には

「10です」

と、答えてもらいます。

発表するときに、前項の「〜ですよね」と合わせて使うことで、話し手と聞き手のやり取りがある発表になります。

反応することで
聞き手の集中力も高まる！

ここが ポイント！ ▶ **教師も「～はなんですか？」と問いかける**

　教師が話しているときに、「子どもたちは本当にわかっているのかな？」
と不安になることがあります。そんなとき、

　「～はなんですか？」

と問いかけて子どもに答えてもらいます。子どもに伝わっていなければ、も
う一度話して確認することができます。

　また、話の中に問いかけがあることで、子どもたちはしっかりと聞かなけ
ればならないという雰囲気になります。これは、話を聞く雰囲気づくりにも
有効な声かけです。

12 丸つけではなく 「間違い探しをしよう」

■ 間違いはいけないこと？

　授業で問題を解きます。解いた問題が合っていれば喜ぶし、間違っていれば悔しがります。子どもたちは、間違っていることはいけないことだと考えているからです。しかし学校では、間違いから学べることの方がたくさんあります。

❗ 間違いから学ばせよう

　授業で問題を解いたとき、「丸つけ」をします。この言葉だと、丸がつくのがいいことで、バツがついたらいけないことだと感じてしまいます。そこでこの声かけです。

「間違い探しをしよう」

　「成長するということは、できないことができるようになることなんだよ。だから、間違いを見つけることはとてもいいことなんだ。だからね、間違い探しをしよう。間違いを見つけられたら成長のチャンス！いい勉強につながるね」
というように話をします。間違いを成長のチャンスととらえることで、学習に向かう姿勢が前向きになります。

「失敗は成功の母」だと実感できるようになる！

ここがポイント！ **失敗を恐れないことは色々な場面に生きる！**

「間違い探しをしよう」と言って、間違いが見つかることがいいことだと感じると、子どもたちは失敗を恐れなくなります。

たとえば、発表の場面で間違えたときは、「大丈夫！　次はうまくいくよ！」と、子どもたち同士で間違いを許し合える雰囲気になります。

体育で失敗したときは、「こうすればもっとうまくいくんじゃない？」と、失敗を成功につなげるためのきっかけとしてくれます。

「丸つけ」と「間違い探し」、ちょっとした言葉の違いですが、間違いをもとに成長するために、このように言い換えることを大切にしています。

13

間違い直しではなく「間違いの分析をしよう」

■ 問題を解いて終わり

　子どもは問題を解いても、解いて終わり。丸つけは教師がやってくれるものだと思っており、間違い直しは答えをただ写せばいいと思っているようです。ただやればいいと思って学習に取り組んでいるのを見ると、モヤモヤしてしまいます。

❗ 間違いを分析して成長への近道に！

　前項の「間違い探しをしよう」という声かけをしていると、子どもたちが自分で丸つけをして間違いを見つけるようになります。そのとき、続けて、「間違い直しをしましょう」と言うのではなく、この声かけに言い換えます。

「間違いの分析をしよう」

　子どもは答えを見て間違い探し（丸つけ）をしています。その答えには、問題の解説がついていることが多いです。その解説を見ながら、間違いの分析をします。

　ただ正解に直すのではなく、「どうして間違えたんだろう？」と自分に問いかけて間違いの分析をすることで、自分自身の力で間違いの原因をつかむことができるようになります。

間違いを前向きにとらえて成長につなげる!

ここがポイント! 教師の手が空くからできること

「間違いの分析を自分でできない子にはどうするんですか?」という質問をいただきます。確かに、この方法は自分でできる子もいれば、そうでない子もいます。

私は、全員ができるようになる必要はないと思っています。自分で間違いの分析ができるようになる子が増えると、教師の手が空きます。その分、教師は自分でできない子に寄り添い、個別の支援ができるようになります。

教師の手が空くこの方法は、ある子にとっては自分の力で自分自身を高める方法になるし、ある子にとっては教師が寄り添う機会をつくることのできる方法だと考えています。

14

間違い直しではなく
「もう一度同じ問題を解こう」

▌1回解いただけでは身につかない

　問題を解いて丸つけをして間違いを分析をしました。しかし、テスト
になると同じような問題なのにできないことがあります。あんなに解説
したのに、「なんで？」と言いたくなってしまいます。

❗ 繰り返すことで定着する

　問題を解き、間違い探し（丸つけ）をし、間違いの分析（間違い直し）
をした後にこの声かけです。

「もう一度同じ問題を解こう」

　自分の間違いに気づき、間違いの分析をしても、同じ問題ができるよ
うになるとは限りません。もう一度同じ問題を解き、自分の力だけで解
けるようになって、初めてできるようになったといえます。

　そこで、「同じ問題を何も見ないでできるようになって初めて力がつ
くんだよ」と、声かけをして問題を解かせ、もう一度間違い探しと間違
いの分析をさせます。

　できるようになるまでこの行程を繰り返すことで、自分で自分自身の
力を高められるようになります。

できないことができるようになって 初めて「成長」する！

ここが ポイント！　学びの5ステップ

　私は前項、前前項で紹介した方法を「学びの5ステップ」と名づけ、次のように子どもに教えています。

①問題を解く

②丸つけ（間違い探し）

③間違い直し（分析）

④もう一度同じ問題を解く

⑤もう一度全部の問題を解く

　問題を解くときは、①〜④のステップで取り組ませ、何度も同じ問題に取り組むことで基礎的な力がしっかりと身につきます。

【参考文献】葛原祥太『「けテぶれ！」宿題革命！』（学陽書房）

15 考えを書かせるための「ノートは思考の作戦基地だよ」

ノートに考えを書かない子がいたら

　授業中にノートを取らせたときのことです。黒板の文字を写そうと一生懸命な子はいるのですが、「ノートに考えを書きましょう」と言うとなかなか書けない子がいます。

❗ ノートの活用の仕方を広げる

ノートに考えを書かせたいときにこの声かけ。

「ノートは思考の作戦基地だよ」

これは、有田和正先生の言葉です。

「ノートは思考の作戦基地だよ。つまり、ノートは黒板に書かれたことをまとめるだけではなく、自分の考えを広げたり深めたりする場所にもなるんだよ。考えを広げたり深めたりする作戦基地だからさ、少しくらい雑になってもいいから、たくさん考えを書いてほしいです。それでは、やってみよう！」

と、声をかけて、ノートに考えを書かせる機会を取り入れていきます。

　子どもたちはノートはきれいにまとめるものだと思っています。とても大切な考えですが、思考を書く上では、少し雑になっても構わないと私は考えます。

ノートが記録だけでなく思考の場にもなる！

ここがポイント！　絵や記号、吹き出しをかいてもいい！

　子どもによっては、文章で考えを書くことが苦手な子がいます。そのような子には、

「絵や記号、吹き出しなど、自分の考えを表わしやすい方法で書いていいよ」

と伝えます。文章が苦手な子は、絵で考えを書くことができるようになることもあります。

　文章だけでかけていていた子も、図や記号を使ってさらにわかりやすく考えを表わせるようになったりします。

　丁寧にまとめるだけでなく、自由に考えを表わすために、ノートを「思考の作戦基地」にしていきたいものです。

第 **4** 章

クラスがよくなるきっかけに！

トラブル時の
声かけフレーズ

1

子どもの気持ちを落ち着かせる 「ゆっくり呼吸しよう」

▌トラブルが発生！

「ケンカです！」「ケガをしました！」「〇〇がありました！」

トラブルが発生しました。当事者の子どもに話を聞こうとするのですが、焦りすぎていて何を言っているかさっぱりわかりません。

❗ 事情を聞く前にまずは深呼吸させよう

子どもが焦っているときは、何を言っても子どもたちに届きません。まずは気持ちを落ち着かせる必要があるのでこの声かけです。

「ゆっくり呼吸をしよう」

不安なときや、緊張しているとき、焦っている気持ちのときは、無意識に浅い呼吸になっています。そんなとき「ゆっくり」そして「大きな」深呼吸をすることで、リラックスすることができます。

トラブルが起きたときは、まずは子どもを落ち着かせることを大切にしています。呼吸を整えて気持ちが落ち着いてきたところで、子どもの話を聞くようにします。

時間がないと、つい「早くして！」と思ってしまいますが、その気持ちをグッと抑えて、子どもの気持ちを落ち着かせることを最優先にしています。

このひと言が効く！

呼吸が整うと、気持ちも落ち着く！

ここがポイント！ **泣いている子に言葉は届かない**

　子どもが泣いているのに話をしようと思っても届きません。トラブルが起きたとき、子どもが泣いていたら、

「気持ちが落ち着いたら話をしよっか」

と声をかけて、まずは泣き止んでもらうところから始めます。

　別室に呼んだり、友達に声をかけてもらったり、その子にあった落ち着かせ方でゆっくりと時間をかけて落ち着いてもらいます。

2 個人の事実確認 「何があったの？」

トラブルの原因をたずねると子どもが黙ってしまう

トラブルがあったので子どもたちに事情を聞く場面でのことです。

「なんでそんなことをしたの！」

と尋ねるのですが、子どもは何があったか言わずに黙ってしまいます。

❗ 責められている気持ちにならない聞き方のコツ

トラブルがあったときに、事情を聞くときは、

「何があったの？」

と、尋ねるようにします。

「なんで〜？」（why）と尋ねると、聞かれた側は責められているような気持ちになってしまいます。

一方、「何があったの？」「何が原因なの？」（what）で尋ねると、理由や原因そのものを追及することになるので、責められている気持ちはなくなります。トラブルがあると「指導しなくてはいけない！」と思うあまり、子どもを責め立てるような口調がどうしても出てきます。そこをグッとこらえて、「何があったの？」と、優しい雰囲気で尋ねることで、子どもは理由や原因を言うことができます。

聞き取った内容は、時系列にナンバリングしながらメモするとよいでしょう。

この**ひと言**が効く！

事実確認のために
話しやすい雰囲気をつくる！

ここがポイント！ まずは子どもが言いたいことを全部言ってもらう

子どもから話を聞き取っているときに、
「それっておかしくない？」
「あなたがいけないんじゃないの？」
などと、口を挟みたくなってしまうことがあります。

子どもが話している途中で指導をしてしまうと、トラブルの根幹の部分を引き出しづらくなってしまいます。また、「先生は話を聞いてくれない」となり、子どもの心が閉じてしまったり、保護者が介入してきたりして、余計に解決できなくなってしまうことがあります。まずは、子どもが言いたいことを全部言ってもらい、しっかりと聞くことを大切にします。

3 数人の事実確認 「みんなの事実を合わせるよ」

一気に言われてもわからない！

　数人の子がトラブルを起こしました。トラブルを起こした子を呼び出し、事情を聞くのですが、それぞれが思ったままに発言し、時系列もめちゃくちゃで、状況が全くわかりません。

！ メモをもとに関係する子全員の前で確認

　数人の子がトラブルを起こしたときは、まずは一人ひとり別々に呼び出し、「何があったの？」と起こったことの聞き取りをします。このとき、時系列にナンバリングしながらメモを取っておくことが大切です。

　全ての子の聞き取りが終わった後に、全ての子を呼び出し、

「みんなの事実を合わせるよ」

と、声かけをして、全体の聞き取りをとおして事実を合わせます。

　教師は、それぞれのメモを見ながら、

　「最初は何があったの？」

　「次は何があったの？」

と、一人ひとりに聞き取りをしたことをもう一度全体で確かめます。一度聞き取りをしていることなので、子どもたちは落ち着いて事実を確認し合うことができます。

一人ひとりの事実を整理して解決につなげる！

ここがポイント！ 事実が合わないこともある

一人ひとりに事実を確認しているときに、「あれ？ 言っていることが違うな？」と、聞き取りをした子同士で言っていることが合わないことがあります。

そのとき、「それは違うよね」「言っていることがおかしいよ」と、その場では追及はしないようにします。追及してしまうと、子どものモヤモヤした気持ちが膨れ上がってしまうからです。

個人の聞き取りの場面では、子どもが言っていることを受け入れ、全体の場面で辻褄を合わせていきます。辻褄があってくると、「あ、そうだった」と、子どもが自分で気づくことができます。

4 事実が合わないとき 「事実は1つだけ、 真実は人の数だけ」

言っていることが合わない！

　トラブルを起こした子どもたち一人ひとりに聞き取りをして全体で確認をしようとしました。しかし、「それ違うだろ！」「嘘つくなよ！」と、子ども同士言っていることが全く合いません。

❗ 水掛け論になってしまう前にこう伝えよう

　丁寧に、あったことを確認しているのですが、どうしても言っていることが合いません。そんなときにこの声かけです。

「事実は1つだけ、真実は人の数だけ」

　辞書を調べると、事実と真実には次のような意味があるそうです。

> 事実…実際に起こった事柄。現実に存在する事柄。
> 真実…うそ偽りのないこと。本当のこと。また、その様。まこと。
>
> 『大辞泉　第二版』（小学館）

　実際に起こった「事実」は1つだとしても、見方によって、一人ひとりにとって本当のことである「真実」は変わってきます。その違いをこの声かけで理解してもらいます。

子どもの納得いかない気持ちを受け止めつつ説得する

ここがポイント！ たとえばこんな風に話を進めよう

A君「ぼくはB君に悪口を言われたと思ったんだよね」

B君「でも、ぼくは言っていなかった」

教師「A君にとっては、B君に悪口を言われたことが真実。でも、B君はA君に悪口を言っていないことが真実。こうやって、『何かを言った』という事実はあるのに、A君とB君の真実が合わないことがあるんだよ。それは納得してもらえるかな？」

A君・B君「わかった」「しょうがないね」

教師「お互いの真実を受け入れてくれてありがとう。じゃあ、2人にとっての真実が合わない上で、これから話を進めるよ」

5

事実確認後の「どうすればよかった？」

■ トラブル解決、と思いきや…

トラブルを起こした子に事実確認をしました。何が原因か明らかになったので、「これはいけなかったよね！」と指導し、非を認めさせました。しかし後から、「うちの子が『先生から責められた！』と言っています！」と保護者から電話がありました。どうやら子ども本人は納得できないことがまだあったようです。

❗ 優しく冷静な声かけで素直な反省を引き出す

トラブルの事実確認が終わった後、子どもにしている声かけが

「どうすればよかった？」

です。優しい雰囲気で、「どうすればよかった？」と尋ねると、

「悪口を言わなければよかった」

「悪口を言われても叩かなければよかった」

というように、自分自身がやってしまったことを素直に振り返ることができます。

教師が伝えたいことや、指導したいことを、子ども本人の口から言ってもらうことで、子どもに納得感を持ってもらうことができます。

この ひと言が 効く！ とるべきだった行動を子ども自身に考えさせる

ここがポイント！ ナンバリングメモがあると便利

この場面で、子どもと一緒に事実確認をしたナンバリングメモがあると、

「④のときに悪口を言わなければよかった」

「⑦のときに言われても叩かなければよかった」

などと、自分の目で事実を確認しながら振り返ることができます。

可視化された事実を見ながら振り返ることで、冷静に自分でやってしまったことを認めることができます。

6 行動の改善を促す 「これからはどうしていきたい？」

先生に謝れって言われた

　子ども同士のトラブルの最後にお互いを謝らせて解決しました。これで一件落着と思いきや、「先生が無理やり謝らせた」と、保護者からの電話。納得しないまま形式的に謝るだけでは、その後の行動の改善につながりません。

！ 子ども自身の言葉で考える機会をつくる

　「どうすればよかった？」とやってしまったことを振り返った後は、

「これからはどうしていきたい？」

と、これからのことを一緒に考えていきます。この声かけをすると、

　「もう、同じことはしないようにしていきたい」

　「また、仲良く一緒に遊びたい」

と、行動改善していこうという気持ちや言葉を引き出すことができます。

　行動改善しようと子ども自身の言葉で言うことができれば、納得して謝罪をすることができます。

　無理やり謝らせて終わらせるのではなく、子どもに納得感を持ってもらった上で謝ってもらうことを大切にしています。

この ひと言が 効く！ 子どもにこれからのことを考えさせる
ことが納得感につながる！

ここがポイント！ 謝罪を引き出す「どうやって終わらせる？」

謝罪が必要なときは、「どうやって終わらせる？」と尋ねています。丁寧に事実を確認し、振り返り、これからのことを考えさせた後にこう聞くと、自分から「謝る」と言ってくれます。

逆に、「もう、同じことをしないなら謝らなくてもいいです」と、謝罪をしない終わらせ方を選ぶこともあります。

子どもたちに終わらせ方を選んでもらうことで、納得感を持ってトラブルの解決に向かうことができます。

7

内面に寄り添う
「納得はできた？」

本心では納得はしていなかった…

　トラブルの後、事実を確認し、どうすればよかったか確認し、これからのことを話し合い、丁寧に解決に向けて取り組みました。しかし、それでも「うちの子は納得していません」と、保護者からの電話がはいってしまうことがあります。謝っていたはずなのに子どもの心にはわだかまりが残っていたようです。

❗ 子どもの納得感を必ず確認する

　「トラブルが解決できた‼」と思ってもまだ安心できません。関係している子を別々に呼び出し、
　「納得はできた？」
と、聞くようにします。子どもが納得した様子で「納得できました」と言ってくれたのを確認して、教師はトラブルが解決できたと判断します。

　このとき、言葉だけで判断してはいけません。「納得できた？」と声かけをしたときに、子どもの表情や動きをよく観察します。本当は納得していないのに、「納得した」と言う場合があるからです。納得していない様子を少しでも感じたのなら、
　「無理しなくていいよ。何にモヤモヤしているの？」
と、子どもの内面を聞き出します。そして再度、事実確認から聞き取りを始めます。

この**ひと言**が効く！ 子どもの最後の心のモヤモヤを取り除く！

> 納得はできた？

ん…

・・・・・

ここが ポイント！　保護者への電話ではこう伝える！

　トラブルの全てが解決したら、次のような手順で保護者に電話をして、家庭での様子を伺い、解決に向けた協力をお願いします。

①「お時間はありますか？」と、都合の確認をする。

②「〜のことでお電話しました」と、見通しを持ってもらう。

③「〜です。〜しました」と、一文を短くして事実を伝える。

④「〜という話をしました」と、指導内容の報告をする。

⑤「家での様子を見ていただけると嬉しいです」のように、保護者に力を借りたいことを具体的に伝える。

8
トラブルを起こした子の居場所を守る
「人を許して罪は
繰り返さないようにしよう」

▌腫れ物に触る雰囲気

　子ども同士のトラブルが解決したのはいいものの、学級に戻ってみると、他の子たちはトラブルを起こした子に対して、どこかよそよそしい雰囲気です。もう解決したのだから、周りは受け入れてほしいものです。

❗ 悪いのは「人」ではなく「起こってしまったこと」

　トラブルが起きた後、トラブルを起こしてしまった子や関係する子たちが学級に戻りやすいようにケアする必要があります。

　トラブルを起こした子や関係する子に、

　「今回のトラブルは、学級全体で確認しておくことが必要なんだ。みんなに話してもいいかな？」

と、了解をもらった上で、学級全体に事実を伝えます。学級全体に事実を伝えた後に、

「人を許して罪は繰り返さないようにしよう」

と、声かけをしていきます。

　どうしても起きてしまう批判は、人ではなく起きてしまった事実に向かうようにすることがポイントです。

ここがポイント！ 教師自身も「罪を憎んで人は憎まず」

「罪を憎んで人は憎まず」

昔の人はよく言ったものです。

子どもたちがこのように意識できるように呼びかけることはもちろん、教師自身もこれを大切にします。トラブルが続くと、「あの子はこういう子だから」と、悪いイメージを持ってしまうからです。いけないのは、「その子」ではなく、「起こってしまったこと」です。

その子に寄り添いながら、その子が行動改善できるようサポートすることを心がけるようにします。

9 学級全体でトラブルと向き合う「学級をよくする方法をみんなで考えよう」

反省したはずなのに改善につながらない

　トラブルは無事解決しました。教師は、「もうトラブルを起こさないようにしなくては…」と思い、色々と心がけるのですが、子どもは他人事です。同じようなトラブルばかり起きていると、教師だけが頑張っているように感じてしまいます。

❗ 学級全体で同じトラブルを起こさないよう話し合う

　トラブルが解決したら、同じようなトラブルが二度と起きないよう、この声かけをして学級全体で話し合います。

「学級をよくする方法をみんなで考えよう」

　何もしなければ、子どもは学級をよくしようという意識はあまり高くありません。この声かけをして、「学級をよくするのは自分たちなのだ」という意識を高めます。

　意識を高めた上で、話し合いを行います。話し合いで決まったことは、いつでも思い出せるよう、画用紙に書いて教室に貼っておきます。

この**ひと言**が効く！ トラブルを他人ごとではなく全員が成長する機会にする！

ここがポイント！ 合わせてこの声かけ「トラブルは成長のチャンスだよ」

　子どもは、トラブルはいけないことだと思っています。その考え方を変え、成長につなげるために、

「トラブルは成長のチャンスだよ」

と、声かけをします。すると、子どもたちは前向きに話し合い、学級をよくしようと意識を高めてくれます。

　学びの5ステップの「間違い探し」や「分析」、「失敗を笑顔で励まし合おう」などの声かけを普段からしておくことで、この声かけの響き方は大きく変わります。

10 学級をよくする責任を持たせる 「自分たちで決めたことは 自分たちで守ろう」

決まったことを守ろうとしない

　学級をよくしようと話し合い、決まったことを掲示物にまとめたにもかかわらず、子どもたちは一向に決まったことを守ろうとしません。一体、あの話し合いはなんだったんだろう？　と思ってしまいます。

❗ 学級をよくするのは自分たち

　話し合いで決まったことを守り、成長につなげるためにしている声かけがこちら。

「自分たちで決めたことは自分たちで守ろう」

　さらに、あわせてこのように続けます。

　「自分たちで決めたことを自分たちで守ると、自分たちで成長できるようになるんだよ。せっかく学級をよくしようと話し合ったのに、決まったことが守られなければ、学級は絶対によくなりません。自分たちで意識するのはもちろん、友達同士で呼びかけることだってできる。自分たちで学級をよくするために、自分のできることをやっていこう」

　このように話をして、自分たちで決めたことを自分たちで守り、自分たちの力で成長しようという意識を高めていきます。

このひと言が効く！

子どもの意識を変えることで学級がよくなる

学級をよくするために

1. ネガティブ言葉をなくす
2. ポジティブ言葉を使う
3. 男女問わず関わる

自分たちで守ろう！

自分たちで決めたことは…

ここがポイント！ **よい姿を見逃さず喜ぼう**

　学級をよくしようという子どもたちの意識が高まると、自分たちで考えて行動することができるようになります。教師は、その瞬間を逃さずに、

「話し合いで決ったことが守られているね！」

「学級がどんどんよくなっているよ」

「成長している姿がとても嬉しいです！」

と、心の底から喜びます。

　教師の力だけでも子どもの力だけでも学級はよくなりません。子どもが成長するきっかけを与え、ポジティブな声かけをすることで、教師と子どもが力を合わせて学級をよくすることができます。

第 5 章

それでも叱らなければ
ならないときには

1 全体指導する前の 「いまから大切な話をします」

それでも叱らなければならないことがある

「叱るより効く」というタイトルのとおり、これまでは叱る前にできることを紹介してきました。しかし、現実にはそれでも叱らなければならないことがあります。ただ叱るだけではなく、叱ったことがきちんと伝わるようにすることが大切です。

❗ まずは真剣な雰囲気をつくる

伝わる叱り方にするためには、叱る側が叱り方を心がけるのはもちろん大切です。それと同じくらい、叱られる側の心の持ち方も大切となってきます。そこで、真剣に話を聞く雰囲気にするために、

「いまから大切な話をします」

と、真剣な雰囲気で語ります。

教師が真剣な雰囲気で語ると、子どもも真剣な雰囲気で聞いてくれます。なお、この声かけをしても真剣に聞いてくれない子が数人いることがあります。そのときは、

「大切な話だから、しっかりと聞いてくれる？」

と、声をかけ、真剣な雰囲気になるまで待ちます。

怖がらせることが目的ではなく、大切なことを真剣に伝える!

ここがポイント! 大切な話が伝わる雰囲気

　第1章1で紹介したように、「子どもたちは、ムード (雰囲気) に従うもの」です。楽しい雰囲気のときだけでなく、真剣な話をするときもムード (雰囲気) を大切にします。大切な話が伝わる雰囲気にするためには、教師のマインドが大切です。

　「これから先生は怒るんだぞ!」というマインドではなく、「子どもたちを成長させたいんだ」というマインドで話をします。

　叱るときは、これまで子どもにかけ続けてきた声かけで培われた教師と子どもの信頼関係や、叱る基準と成長する叱られ方を子どもたちが理解していることを信じて、子どもの成長を願って叱ります。

2 叱られる前の心構えづくり 「これは、みんなの 耳の痛くなる話です」

叱られることには痛みが伴う

　子どもにとって多くの場合、叱られることは嫌なことです。自分自身のしてしまった過ちを見直すことで、痛みが伴うからです。しかし、成長するためにはその痛みに立ち向かわなければなりません。

！ 「前置き」があれば素直に受け止められる

　子どもの叱られる雰囲気ができた後に、
「これは、みんなの耳の痛くなる話です」
と、声かけをしています。
　叱る前にこの声かけで前置きをすることで、次のような効果があります。
　・叱られる可能性があると心の準備ができる
　・子どもが話に集中し、メッセージを受け取れるようになる
　・叱られる側が叱る側の意図や気持ちを理解することができる
　突然叱ってしまうと、話の内容よりも、叱られたこと自体に意識が集中してしまい、反発心が生まれやすくなります。そのため、前置きをすることで、叱られることで生まれる心の負担を軽減させるようにします。

心構えをつくることで、話が届きやすくなる！

これは、みんなの耳の痛くなる話です

先生の話を受けとめよう！

ここがポイント！ 叱るときに使う言葉は慎重に選ぶ

「耳の痛くなる話です」と前置きをすることで、子どもが叱られることを受け入れる心の準備ができたからといって、何を言ってもいいという訳ではありません。使う言葉は慎重に選んでいきます。

特に、子どもが話し合って決めた「ちくちく言葉」や、教師が普段から使わないように呼びかけている「ネガティブ言葉」は絶対に使いません。これまでの学級経営で培われてきた学級の文化の中で叱るからこそ、子どもたちは「これは成長につながるんだ」と、痛みを受け入れることができるのです。

3 聞き手の意識を高める「真剣に話すので真剣に聞いてください」

教師側の真剣さ

　大切な話が伝わる雰囲気をつくり、子どもが痛みを受け入れる準備ができたら、今度は教師側の心構えをつくります。教師は、子どもの成長を願い、真剣な気持ちを持って話します。

❗ 大切な話には重みがある

　子どもたちに大切な話をするときには、
「真剣に話すので真剣に聞いてください」
と、真剣な気持ちで話すことをそのまま子どもに伝えるようにします。

　以前、私は、子どもの負担感を考慮し、あまり話が重くならないように心がけていました。しかしそれでは、伝わり方が半減してしまいました。大切な話には重みがあります。その重みが伝わるように真剣に話すことを伝えます。

　真剣に話すというと、大きな声を出したり、厳しい言葉を言ったりするものと感じてしまいますが、そうではありません。子どもたちの成長を願い、教師が大切だと思うことを、一人の人として語るということです。

教師も子どもも真剣だからこそ話が伝わる

ここがポイント！ 教師側も心構えをつくる

　この声かけは、もちろん子どもの聞く雰囲気づくりにもつながりますが、教師の話す心構えをつくるためにもなります。この声かけをすると、教師側も心の引き締まる思いになります。

　どんな声かけでも、実践でもそうですが、

「子どもを思いどおりに動かしたい」

「教師に従わせたい」

というような自分本位の考え方では話は伝わりません。

　子どもをどんな姿に成長させたいかという願いと向き合い、目の前の子どもに対して真剣に語ることが大切です。

4 指導を聞く環境にする 「机の上を片付けましょう」

話を聞く環境が整っていない

　子どもが真剣に話を聞く心構えができました。しかし、机の上が散らかっている子や、何か物を持っていたりする子が多く、集中して話を聞くことができません。

❗ 机の上に何もない状態をつくろう

　そこで、子どもも教師も話を聞く心構えができたら、

「机の上を片付けましょう」

と、声かけをします。話をしっかり聞こうという心構えはできているので、子どもたちは、真剣な様子で机の上を片付けたり、手に持っているものをしまったりしてくれます。

　ここで、子どもだけではなく、片付けの苦手な子に寄り添ったり、教師の机の周りを片付けたり、黒板をきれいにしたりするなど、教師も一緒に片付けに参加します。

　一緒に片付けをすることで、子どもたちも「大切な話なんだな」と思い、話を聞こうという意識を高めてくれます。

　子どもと教師で一緒に話す前に「片付ける」という行動が、学級全体で話を大切にする心構えをつくっていきます。

雰囲気だけでなく、環境も整えて大切な話を伝える

ここがポイント！ **成長する話の聞き方**

　机が片付いたら、大切なことを語る前に、子どもたちに日頃から意識させている「成長する話の聞き方」を意識させます。

「机の片付けをしてくれてありがとう。これで大切な話をすることができます。Aさんは目を合わせてくれているね。Bさんは体をこちらに向けてくれているね。ありがとう。先生もみんなの成長につながるよう真剣に話すので、成長する話の聞き方で聞こうとしてくれて嬉しいです。それでは話します」

　日頃から成長する話の聞き方を意識させていると、こちらが言わなくても自然と成長する話の聞き方をしてくれている子がいます。その子に感謝を伝えながら、話を聞く雰囲気を学級全体に広げて話し始めます。

5 何度も念押し 「大切なことなので 何度も言います」

そのときは伝わってもすぐに忘れてしまう

　大切な話を子どもたちに伝えたところ、真剣に話を聞いてくれている様子でした。その場では、学級全体で前向きな気持ちになり、話が終わりました。しかし、一番伝えたかったメッセージを子どもたちはすぐに忘れてしまったようです。

❗ 大切なことは何度でも伝える

　どんな話でも、どんなメッセージでも、一度話しただけでは子どもはすぐに忘れてしまいます。そこで、

「大切なことなので何度も言います」

と、声かけをして、大事なメッセージを何度も伝えます。繰り返し伝えることで、そのメッセージをより理解し、心に刻むことができるので、忘れずに大切にしてくれるようになります。

　「大切なことなので、一度しか言いません」

という声かけもあります。こちらも、子どもが話に集中することのできるよい声かけです。

　何度も伝えるか、それとも一度しか言わないのかは、教師自身に合うやり方を選ぶとよいでしょう。このような声かけをすることで、よりメッセージが伝わりやすくなります。

大切な話は伝わるまで、何度も話し続ける

ここがポイント！ 「誰」が「どんな言葉」で伝えるか

いくら大切なことでも、「誰」が「どんな言葉」で言うかによって伝わり方は大きく変わってきます。

日頃から辛辣な言葉を使い、信頼関係がない教師が、その時だけいい話をしたとしても、子どもは受け取ろうとしてくれません。

子どもたちの成長を願い、勇気づける言葉をかけたり、前向きな雰囲気をつくったりすることを積み重ねて出来上がった信頼関係の中で、いつも言っている言葉を使ったり、いつも使っている言葉と関連付けたりするからこそ、子どもに話が伝わるのだと考えます。

おわりに

「先生の言葉の一つひとつが心に刺さる」

　ある年に学級担任をした子にかけてもらった言葉です。本当に嬉しい言葉を子どもからいただくことができました。なぜなら、声かけにはこだわりがあったからです。

　この子どもからの嬉しい言葉は、私がただ嬉しいと感じるだけにしてはいけません。自慢話だけにしてもいけません。この言葉をもとに、私の声かけがなぜ心に刺さったのか、分析します。

　どうして言葉の一つひとつが心に刺さったのでしょうか。

　何か特別な声かけをしたわけではありません。
　思い当たるとしたら、本書で紹介している声かけを毎日積み重ね続けていたということです。

　では、この本で紹介している声かけをしていれば、子どもの心に刺さることができるのでしょうか？

　答えは**否**です。

　子どもは感受性が豊かです。
　だから、うわべだけの声かけフレーズを使ったとしてもそれはすぐに見抜かれてしまい、届けることはできません。

それでは、何がその子の心に刺さったのでしょうか。

それは、「心」だと考えます。
私が心がけていることは、

「この子に成長してほしい」

と、心の底から願い、声かけをすることです。
　その願いが子どもに伝わり、一つひとつの言葉が心に刺さると感じて
くれたのだと思います。
　もし私が、子どもをコントロールするために声かけをしていたのなら、
それは子どもに見抜かれてしまい、言葉は届かなかったでしょう。
　どんな声かけをするかはとても大切なことだと思いますが、

どんな「願い」で声かけするか？

は、何よりも大切なことだと考えます。

　本書の声かけが、みなさんの子どもに対する願いをもとに、子どもを
成長するお手伝いができたのなら幸いです。

2024 年 7 月吉日
髙橋朋彦

●著者紹介

髙橋 朋彦（たかはし　ともひこ）

1983年、千葉県生まれ。千葉県公立小学校勤務。文科省指定の小中一貫フォーラムで研究主任を務める。教育サークル「スイッチオン」、バラスーシ研究会、日本学級経営学会などに所属し、若い先生方へ教師の仕事のさまざまなノウハウをInstagram や X、Voicy で発信し、活躍中。多くのフォロワーから日々たくさんの反響がある。著書多数。

クラスが明るく前向きに！
叱るより効く！　声かけフレーズ50

2024年7月25日　初版発行

著　者　髙橋 朋彦

発行者　佐久間重嘉

発行所　学 陽 書 房

　　　　〒102-0072　東京都千代田区飯田橋1-9-3

　　　　営業部／電話　03-3261-1111　FAX　03-5211-3300

　　　　編集部／電話　03-3261-1112

　　　　http://www.gakuyo.co.jp/

ブックデザイン／能勢明日香

イラスト／内野しん

DTP制作・印刷／精文堂印刷

製本／東京美術紙工

好評の既刊！

新卒時代を乗り切る！
教師1年目の教科書

野中信行　著

A5判・並製・128ページ　定価1760円（10％税込）

この1冊で、教師1年目を乗り切る！　学級経営や子どもとの付き合い
方など、初任者でもできる授業づくりのコツや初任者がつまずきやす
い失敗など、1年目に必ず知っておきたい情報が満載！

若い教師のための
1年生が絶対こっちを向く指導！

俵原正仁・原坂一郎　著

A5判・並製・120ページ　定価1980円（10％税込）

1年生がみるみる集団として素直に動くようになる！　カリスマ教師と
スーパー保育士が教えてくれるカンタン指導で、1年生の指導がラクに
楽しくなる1冊！

菊池流　このひと言で子どもが動く！
言いかえフレーズ

菊池省三　編著

A5判・並製・128ページ　定価2090円（10%税込）

言い方ひとつでたちまち子どもがやる気に！　教師の「とっさに言ってしまいがちな NG フレーズ」を「OK フレーズ」に変換。○×イラストで伝わるフレーズがパッと見つかる！

学級経営がラクになる！
聞き上手なクラスのつくり方

松尾英明　著

A5判・並製・120ページ　定価1870円（10%税込）

子どもが自ら集中する、目からウロコの指導法を紹介！　よくある困った場面で、具体的にどのような言葉かけや指導をしていけばいいのかを伝授。今日からクラスが、「先生・友だちの話を聞くのが大好き」な子でいっぱいに！

好評の既刊！

**新年度ここで差がつく！
教師1年目のスタートアップ**

髙橋朋彦　著

A5判・並製・128ページ　定価1980円（10％税込）

この１冊で教師の１年目のスタートの切り方がすべてがわかる！
Instagram で多数のフォロワーを誇る著者が、写真や画像つきで教師
の仕事、学級づくり、授業づくりのポイントをわかりやすく紹介！

クラスが明るく前向きに！

叱るより効く！声かけフレーズ50